स्वामी विवेकानन्द का बचपन

स्वामी विवेकानन्द का बचपन

राजेन्द्र मोहन भटनागर

वाणी प्रकाशन

प्रकाशन के उत्कृष्टतम 61 वर्ष

vaniprakashan.com

पहला संस्करण : 2022
दूसरा संस्करण : 2024

वाणी प्रकाशन

4695, 21-ए, दरियागंज, नयी दिल्ली-110 002

फ़ोन : + 91 11 23273167, 23275710

शाखाएँ

अशोक राजपथ, पटना-800 004, बिहार

कॉफ़ी हाउस कैम्पस, महात्मा गांधी मार्ग, प्रयागराज-211 001, उत्तर प्रदेश

महात्मा गांधी अन्तरराष्ट्रीय हिन्दी विश्वविद्यालय, वर्धा-442 001, महाराष्ट्र

36/ए, शेक्सपियर सरणी, रानी बिरला गर्ल्स कॉलेज के पास, कोलकाता-700 017, प. बंगाल

sales@vaniprakashan.in
vaniprakashan@gmail.com

Swami Vivekanand ka Bachpan
by Rajendra Mohan Bhatnagar

ISBN : 978-93-5229-863-1

Biography

मूल्य : ₹ 395

आर. टेक ऑफ़सेट प्रिंटर्स, दिल्ली-110032 में मुद्रित

वाणी प्रकाशन का लोगो मक़बूल फ़िदा हुसेन की कूची से

कलकत्ते की सुबह। सूरज गायब। पर उसकी किरणें सोना लुटाती पूरबइया हवा गुनगुनाती।

बिले (नरेन्द्रनाथ दत्त) खिड़की खोले बाहर देखता। कुछ सोचता। किसी के इन्तज़ार में। गहरी चुप्पी साधे।

इसी समय झांझ, चिमटे की धुन सुनाई पड़ती। बिल के चेहरे पर प्रसन्नता लौट आती।

जैसे-जैसे आवाज़ पास आने लगती, वेले नाच उठता। ताली बजाने लगता।

वह जोगियों की टोली है। हर रविवार सुबह-सुबह आती। गीत गाते आती है। आज वह गीत गा रही है–

जोगी आता जोगी आता,
जग के दुःख मिटाता है।
जो जोगी को पास बुलाता,
वह जोगी हो जाता है।
सुबह सवेरे चिड़ियाँ गातीं,
कोयल गीत सुनाती है।
हरख हरख प्रान लुटाता
सबके मन को भाता है।

वेले खिड़की से, हाथ का इशारा करता। पास बुलता उस टोली के कुछ जोगी पास आते। नाचते-गाते। जोगी आता, जोगी आता...तेज स्वर में गाने लगते। वेले भी यही गीत गा उठता। नाचने लगता। टोकरी में सब

फल केले, अमरूद, अनार, सेब आदि ला-लाकर उनके कमण्डलु में डलने लगता है। दौड़-दौड़कर फल लाने लगता। झांझ तेज़ हो जाती। चिमटे की गति भी तेज होने लगती।

सुबह की किरणें सोनार (सोने जैसी) होने लगतीं। सूर्य के आने की सूचना मिलने लगती। टोकरी के सब फल खतम हो जाते। वह टोली आगे बढ़ जाती।

''माँ...माँ...माँ...सुनती है, माँ।''

''मेरे कान-नाक ठीक हैं। सुना क्या कहना है, विल्लो।'' विले की छोटी बहन का घर का नाम।

''वेले ने टोकरी में रखे सारे फल साधुओं की खिड़की से डाल दे।

''ओह! भई यह लड़का मानेगा नहीं। आज मैं इसे ठीक करके ही दम लूँगी।'' कहकर धोए हुए कपड़े निचोड़े। अलगनी पर डाले। फिर वह वहीं से चिल्लाती बोलने लगी, ''नरेन (विले ही) तू किधर है। ....डटा रहना है वहीं। जहाँ भी है।''

यह सुनकर वेले भाग खड़ा हुआ। बाहर जाने का रास्ता वेले की सबसे बड़ी बहन स्वर्णमयी देवी ने रोक लिया था। उसने कहा, ''माँ अब नरेन यहाँ से बाहर नहीं जा सकेगा।''

वेले इधर-उधर भागता रहा। तीन बहनें भी उसे पकड़वाने में सहायता करने लगीं।

वेले जान गया। आज उसकी दौड़-धूप काम नहीं आएगी। पकड़ा जाएगा। बाहर जाने वाले दरवाज़े पर सबसे बड़ी बहन स्वर्णमयी देव डटी हुई हैं। वह उससे पार नहीं पा सकता।

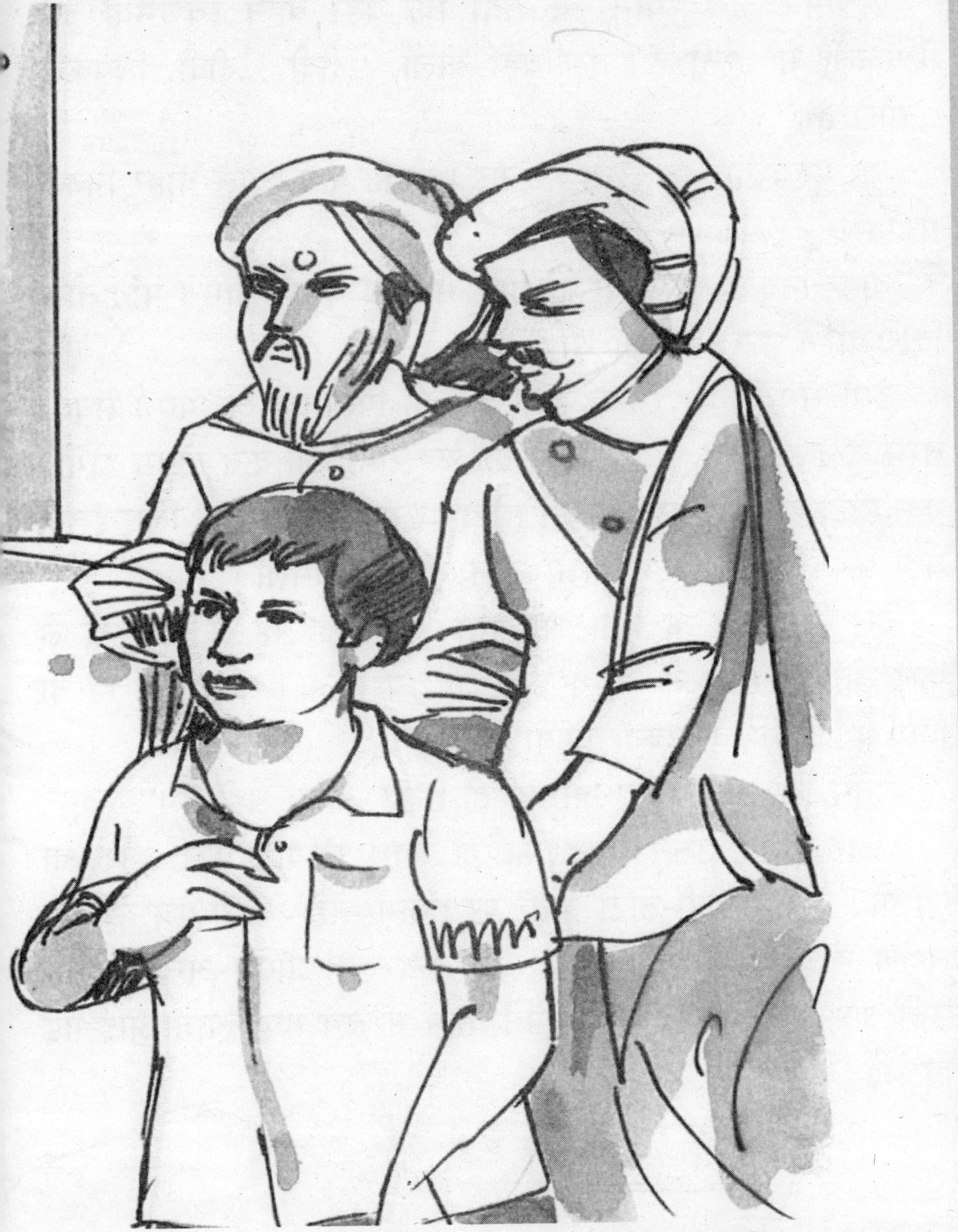

अचानक उसे ध्यान आ गया कि बड़ी बहन स्वर्णमयी देवी छिपकली से डरती हैं। वेले वहीं बोला, ''दीदी ...दीदी, छिपकली ...पीछे है।''

वह मुख्य द्वार से तुरन्त हट गई। मौक़ा पाकर वेले बाहर निकल गया।

बाहर निकल तो आया पर फिर भी घिर गया। सामने माँ। तीनों दिशाओं में उसकी बहनें थीं।

इसी समय विले (नरेन्द्रनाथ दत्त) के पिता जी आ गए। सबकी तरफ़ देखकर बोले, ''तुम लोगों की यह रामलीला कब ख़तम होगी? एक छोटा है। तुम सबमें सबसे छोटा। उसको पकड़ने के लिए इतनी बड़ी फ़ौज वेले को उनके आ जाने से राहत मिली।

वेले पिता जी के पास आ गया। वह कह रहे थे, ''नरेन्द्र ले फल जोगियों-साधुओं को दे डाले तो क्या हुआ। सन्तों को ही तो दिए थे। उसमें बुरा क्या किया उसने?''

''तुम सिर पर चढ़ाए जा रहे हो। यह अच्छा नहीं है।''

''अरे देवी। उसने पुण्य का ही काम किया। फल और आ जाएँगे। ....इन छोटी-छोटी बातों पर हंगामा नहीं। ...ये पुत्र के शुभ लक्षण हैं।'' यह समझाते हुए उसे अन्दर ले आए। अन्य वे सब उन्हें अकेला छोड़कर अपने-अपने काम में लग गए। बात आई-गई हो गई।

वेले का जन्म का नाम नरेन्द्रनाथ दत्त (नरेन्द्र) था। पिता विश्वनाथ तथा माता भुवनेश्वरी देवी थीं। नरेन्द्रनाथ दत्त के दादा पितामह दुर्गाचरण दत्त थे। उनका सन्त स्वभाव था। उनका संस्कृत, फारसी पर अच्छा अधिकार था। कानून की उनमें गहरी पकड़ी थी। वह विश्वनाथ दत्त के जन्म के बाद भरी जवानी में संन्यासी हो गए। घर छोड़कर चले गए।

भुवनेश्वरी देवी के तरा ऊपर की पाँच लड़कियाँ हो गईं। विश्वनाथ और भुवनेश्वरी देवी दोनों चिन्तित रहने लगे। तब एक संन्यासी ने कहा, ‘‘काशी विश्वनाथ की मनौती करो ...पर काशी जाकर।’’

वे सपविार काशी गए। विश्वनाथ के दर्शन किये। मनौती की। पुत्र होने पर फिर काशी आएँगे।– ‘‘काशी विश्वनाथ पर चढ़ावा चढ़ाएँगे। छत्र भी चढ़ाएँगे।’’

काशी विश्वनाथ के प्रताप से उनके घर पुत्र 02 जनवरी,

1863—सोमवार के दिन आया। सारा घर खुशी से पागल हो गया। भरपूर दान-पुण्य किया गया।

यद्यपि विश्वनाथ दत्त का इन टोटकों में विश्वास नहीं था। पर चमत्कार तो चमत्कार था। मानना पड़ा।

वह तो खाता-पीता घर था। घर में किसी बात की कमी नहीं थी। न धन-दौलत की कोई कमी थी।

नरेन्द्रनाथ दत्त अपने पिता की तरह फारसी और अंग्रेज़ी के पण्डित थे। कलकत्ता हाई-कोर्ट में वह वकालत करते थे। अच्छी कमाई थी। वह खुले मन से दान-पुण्य भी करते थे। उनके घर में दिन-रात चहल-पहल रहती थी। शोरगुल-सा बना रहता था।

नरेन्द्रनाथ दत्त सब देख-समझ रहा था। वह भी दान-पुण्य में, उस छोटी सी उम्र में, अपने पिता जी से कम नहीं था।

काली पूजा का त्योहार चल रहा था। जिधर देखो, उधर बालक-बालिकाएँ नए कपड़े पहने नज़र आ रहे थे। तभी उसको एक बालक अपनी माँ के साथ फटे-पुराने मैले कपड़े पहने नज़र आ गया। वह भागा-भागा अन्दर गया। अपने नए सिलवाए चार जोड़ी कपड़ों में से एक जोड़ी कपड़े और जूते लेकर बाहर आया। वह कहने लगा, "भैया, ज़रा रुको।" वह रुक गया। उसकी माँ भी रुक गई।

बालक नरेन्द्रनाथ दत्त बोला, "ये कपड़े उतारो और ये पहनो।"

"नहीं, नहीं, भैया, नहीं। हम गरीबों को ये कपड़े पहनना शोभा नहीं देता।" उसकी माँ बोली।

“इधर आओ।” कहकर वह उन्हें अन्दर ले गया। आज घर में कोई नहीं था।

अन्दर लाकर बोला, “माँ, तुम यहाँ बैठो। उस बालक को अन्दर ले गया फिर उस पर पानी डालकर कहा, “अब नहा भी ले, भैया। तेरे कपड़े गीले हो गए हैं फिर ये कपड़े पहनकर बाहर आ जाना।”

“नहीं ...नहीं, माँ मारेगी।”

“नहीं मारेगी। वह तो तुझे गीला देख ज़रूर मारेंगी।”

उसने जैसा नरेन्द्रनाथ दत्त ने चाहा था, वैसा ही किया। इस बीच माँ की नयी धोती लाकर उसको दे दी। वह नहीं मानी तो उसने अपनी कसम दे डाली। साथ में खाना भी केले के पत्ते रखकर दे डाला।

वे डरे हुए से बाहर आए ही थे कि छोटी बहन ने माँ को चेताया।

“माँ ...माँ ...लगता है, भैया ने अपने नए कपड़े और तेरी नई धोती मोलिका (ब्लाउज़) उन भिखारियों को दे दिए हैं।”

भुवनेश्वरी ने देखा तो चीखी-चिल्लाई, “तू क्यों घर बर्बाद क़रने पर तुला है।” उनसे वह क्या कहती। उस भिखारी औरत से अपनी नई धोती ले भी नहीं सकती थी।

“आज मैं तेरी अच्छी तरह ख़बर लेती हूँ।” कहकर वह और उसकी चारों बहनों ने उसे पकड़ना चाहा। इस बार उसे अपने पकड़े जाने में कोई सन्देह नहीं रहा। वह भागता भी कहाँ? वह सोच में पड़ गया कि अब?

तभी एक राह मिल गई। जहाँ चाह है, वहाँ राह है। वह सामने एक कूड़े के ढेर पर चढ़ गया। उधर कोई नहीं था। वहाँ खड़े होकर बोला, ''लो, पकड़ लो मुझे।''

''छी-छी ...छी, तू कितना गन्दा है! कूड़े के ढेर पर ...जहाँ गली वाले कूड़ा-करकट डालते हैं। ...हे भोले शिव। ...यह तूने क्या दे डाला। ...ठीक अपने बराती में से एक को भेज दिया।''

''कभी मेरी बात भी सुन लिया करो। फिर फ़ैसला लिया करो।''

''पहले तू नीचे उतर...।''

''नहीं, माँ, पहले तू मेरी बात सुन ले।''

''नहीं पहले, तू।''

''अच्छा बाबा, सुना।''

''तो सुन माँ, यह तो तू जानती है इन दिनों दुर्गा पूजा चल रही है।''

''फिर?''

''सब बच्चे, जवान, बूढ़े ...नई-नई पोशाक पहने दिखलाई पड़ रहे हैं परन्तु ये गरीब बच्चे फटे-पुराने चीथड़े लपेटे घूम रहे हैं ...क्यों माँ, क्या ...क्या इन्हें इस गरीबी में हम नए कपड़े पहनने वालों ने नहीं ढकेला है?''

''तू बड़ी-बड़ी बातें छोड़, पहले कूड़े के टीले से नीचे उतर। क्या तुझे दुर्गन्ध नहीं आ रही है?''

''बहुत आ रही है। पर ये तो बता इस दुर्गन्ध के लिए ज़िम्मेदार कौन है?'' कौन फैला रहा है ये दुर्गन्ध?''

"तू।"

"मैं ...या हम सब जो इस दुर्गन्ध को फैला रहे हैं। ..माँ तुझे यह दुर्गन्ध तो दिखाई दे गई। ... तुझे वे गरीब दिखलाई नहीं दे रहे हैं। उनको हमने जीते जी दुर्गन्ध से बदतर चलते-फिरते दुर्गन्ध का ढेर बना डाला है।" यह बात उस गली-महल्ले (मुहल्ले/मोहल्ले) के अनेक व्यक्ति सुनने लगे थे। उनमें से एक बोला, "वकील का लड़का है। ...माँ पर धी (लड़की) पिता पर घोड़ा, बहुत नहीं थोड़ा-थोड़ा।"

"अच्छे अच्छों के कान कतर देगा।"

"माँ, हमने तो सड़क, ... उसके कोने में उस आए फल के पेड़ों पर भी कब्ज़ा कर लिया है। जिससे ये गरीब कुदरत के इनाम से भी बेदख़ल हो गए।" नरेन्द्र

की खुली, संगीतमय आवाज़ का जादू चल पड़ा।

अब भुवनेश्वरी चुप। उसकी बहनें माँ के पीछे।

“माँ, दुआओं की पैंठ (बाज़ार का दिन) नहीं लगती। दुआएँ मोल से नहीं मिलती। जिन गरीबों को मैंने नए कपड़े दिए हैं उनकी अनमोल दुआएँ हमें मिलती रहेंगी।”

इस पर भीड़ ताली बजा उठी। भुवनेश्वरी मुड़ने लगी। साथ में उसकी बहनें भी। माँ की बोलती बन्द। उसके सामने मनौती का सच। वह काँप गई। कितनी पते की बात की है नरेन्द्र ने। उसने कूड़ पर खड़े नरेन्द्र को गले से लगा लिया। उसके आँसू निकल आए। उसे अपनी ग़लती का एहसास हुआ। भोल विश्वनाथ शंकर

उसे क्षमा करना। उसने तो साक्षात् अवतार लिया हो मानो!

दिन बीतते रहे। एक दिन भुवनेश्वरी क्या देखती हैं। शिव-पार्वती की बगल में पद्मासन लगाए नरेन्द्र आँखें बन्द किए बैठा है।

भुवनेश्वरी आश्चर्यचकित होकर, ठगी-सी वहीं खड़ी रह जाती हैं।

हैं! भुवनेश्वनी पुनः चौंकती। दस मिनट से ज़्यादा हो चुके थे। नरेन्द्रनाथ दत्त ध्यानमग्न बैठा हुआ है। बाहर डाकिया आया था। रजिस्ट्री थी। ली और लौटी तो पाया कि नरेन्द्र ध्यानावस्था में ही बैठा हुआ है। अन्दर-ही-अन्दर वह घबराई। जान-बूझकर हाथ से पानी भरी लोटा गिरा दिया। फलस्वरूप नरेन्द्र ने आँखें खोल दीं।

भुवनेश्वरी ने पूछा, "यह क्या हो रहा था, नरेंन्द्र!"

"ध्यान, माता।"

"किसका, नरेन्द्र?"

नरेन्द्रनाथ दत्त ने कुछ रुककर कहा, "तूही बता, यहाँ मैं किसका ध्यान लगा सकता हूँ?"

"मुझे क्या मालूम है ध्यान तूने लगाया है। यह तुझे मालूम होगा।"

"यहाँ कौन है?"

"मैं और तू।" तपाक से भुवनेश्वरी ने कहा।

"और कोई नहीं है न।"

"नहीं।"

"तो वह सामने क्या है?"

"शिलिंग"

"तो तूने उनका... ।"

"हाँ, माँ।"

"तुझसे किसने कहा था कि उनका ध्यान लगा?"

"किसी ने नहीं।"

"फिर?"

"यदि मैं कहूँ कि शिव जी ने कहा था। फिर भी तुझे विश्वास नहीं होगा"

"हाँ, नहीं होगा।"

"पर क्यों?"

“क्योंकि ध्यान एक से ही लगाया जा सकता है।” भुवनेश्वरी यह कह सोचने लगी कि वह तो कम उम्र के पुत्र से बात कर रही है। वह भी इतनी गहराई से कि बड़े-बड़े उत्तर देने में शायद सफल न हो।

नरेन्द्रनाथ दत्त कहने लगा, “माते, वे दोनों एक ही हो गए।”

“क्या मतलब? शिव-पार्वती दोनों एक।”

“हाँ, माते, दोनों एक। न वहाँ शिव रहे और न पार्वती। वे शिवलिंग हो गए। कहने लगे तुझे शिव ही करना है सबका।”

“ऐसा बोले, मेरे प्यारे पुत्र।” भुवनेश्वरी ने गद्‌गद् होकर कहा। शिव-पार्वती के मन-ही-मन हाथ जोड़ दिए।

वह कहने लगी, “पुत्र, तेरे जो इच्छा हो करते रहना। अब मैं तुझे रोकूँगी-टोकूँगी कभी नहीं। ...शिव को भला कोई रोक सकता है!”

“माते, तू मुझे टोकेगी-रोकेग नहीं तो फिर माता कैसे रहेगी...तू तो हर समय मेरा हित चाहती है।” नरेन्द्रनाथ दत्त माँ से चिपट गया। ममता आँसू भर लाई।

घर बड़ा था। उसमें विश्वनाथ दत्त की बैठक बहुत बड़ी थी। हाई कोर्ट के वह माने हुए वकील थे। इस कारण जब भी वह घर में होते थे, तब मुवक्किल (वादी-प्रतिवादी) की भीड़ लगी रहती थी। बीच-बीच मित्र भी आते रहते थे। रविवार को केवल मित्र ही आ सकते थे, मुवक्किल नहीं।

उस कमरे में आठ हुक्के भी रखे थे। लम्बा नलीदार हुक्का विश्वनाथ दत्त का था। नली पर सुनहरी तार लिपटी हुई थी। यों सभी हुक्के दमदार व चमकीले थे। उन पर काम भी हो रहा था। उसे भी वह देखना-परखना चाहता था। पर कैसे देखे-परखे! उसके लिए समय भी चाहिए।

दो-तीन बार कमरा खाली मिला। वह अन्दर भी आ गया। अभी उसने हुक्के को छुआ ही था कि एक मुवक्किल आ टपका। या कभी कोई मित्र अथवा पड़ोसी। इस प्रकार वह सफल नहीं हुआ।

अपनी इस असफलता से नरेन्द्रनाथ दत्त चिढ़-सा गया। सफल तो होकर रहेगा।

एक दिन सुबह-सुबह सायरन कई बार बजा। कर्फ्यू लगने की घोषणा हो गई। विश्वनाथ दत्त किसी मित्र के यहाँ चले गए। सुबह टहलने जाते थे। रविवार को प्रायः वह किसी के घर चले जाते थे या किसी मित्र को साथ लेकर आते थे।

अब क्या था। दोपहर बाद तक का कर्फ्यू लग गया। किसी क्रान्तिकारी स्वतन्त्रता प्रेमी ने एक अंग्रेज़ अफ़सर को गोली से उड़ा दिया।

तब अपना देश ब्रिटिश सरकार का गुलाम था। 1857 के ग़दर (स्वतन्त्रता संग्राम) के बाद से भारत पर ब्रिटिश सम्राट/क्वीन राज करने लगी थी। भारत को आज़ाद कराने के लिए क्रान्तिकारी अवसर पाकर किसी सख़्त और भारतीयों के ख़िलाफ़ ज़ोर-ज़बर्दस्ती करने वाले अफसर को गोली का निशान

बना देते थे। कुछ दिन पहले लम्बा जुलूस निकला था। उसमें नारे लगाए गए थे :

जो हम से टकराएगा।
चूर-चूर हो जाएगा।
एक-दो हिन्दुस्तान छोड़ दो।
ज़ोर-जुल्म की सरकार
नहीं चलेगी, नहीं चलेगी।
इन्कलाब (क्रान्ति)!
ज़िन्दाबाद (अमर रहे)!

नरेन्द्रनाथ दत्त ने सोचा। चार बजे तक का समय अपने पास है। अभी बड़ा कमरा साफ़ होना है। हुक्कों का बदबूदार पानी बदलकर उन्हें साफ़ और नया पानी भरना है। चिलमों में से लकड़ी के कोयले भरने हैं। कोयले नीचे कण्डे एक टुकडा। यह वह प्रायः प्रतिदिन देखता है। इसमें काफ़ी समय लगता है।

"चाचा... हुक्कों के पानी में दुर्गन्ध कहाँ से आती है?"

"तम्बाकू से।"

"''तम्बाकू।"

"होती है। जैसे लकड़ी से कोयला। कोयला जलाने से पहले धुआँ। फिर आग। यह सब उसमें निहित होते हैं, विले।" नौकर हुक्का साफ़ करता बताता चलता।

भोजन हो जाने दो। फिर सब नींद निकालने अपनी-अपनी चारपाई पर जा सोएँगे। उन सबके सोने के बाद तसल्ली से नरेन्द्रनाथ

हमें आजादी
चाहिये

दत्त हुक्कों की वास्तविकता जानेगा।

"चाचा, उस गन्दे पानी से छी-छी दुर्गन्ध आती है। ...फिर भी ये लोग घिन अनुभव नहीं करते।"

"आदत, लाला (कायस्थ के बाल को प्रायः लाला सम्बोधन देते थे), सबसे बुरा रोग है। समय पर काम नहीं करना या हर काम अधूरा करना अथवा साफ़-सफ़ाई से नहीं करना ... यह आदत बन जाने के नतीजे हैं।" नौकर यह कहकर अन्दर चला गया था।

हैं! नरेन्द्रनाथ दत्त की आँख खुली। दीवार घड़ी की ओर देखा। दीवार घड़ी तीन बीस बजा रही थी। देर हो गई। उसने खिड़की खोलकर बाहर देखा बाहर पुलिस गाड़ी खड़ी थी। तीन-चार पुलिसवाले एक

युवा और एक अधेड़ व्यक्ति को लात-घूंसों से बुरी तरह पीट रहे थे। एक पुलिसवाला रुक-रुककर उन पर डण्डा बरसा रहा था। साथ में कह रहा था, ''मुँह बन्द रख वरना मार-मारकर डण्डे से तुम्हारे हाथ-पाँव तोड़ डालंगे।

वे दोनों अधमरे हो गए थे। युवा ज़ोर से बोला, ''भारत माता की... ।''

अधेड़ व्यक्ति ज़ोर से बोला, ''जय।''

ऐसा कई बार हुआ।

''स्साले पहले क़ानून तोड़ते हैं। फिर पिटते जाते हैं लेकिन भारत माता की जय बोलना नहीं छोड़ते।''

''साहब, ये झूठ बोल रहा है। हमने दरवाज़ा खोला था।''

''झूठ!''

''खुलवाया था।''

"हाँ, खुलवाया था।"

"क्यों खुलवाया था?"

"बाहर से ये लोग साँकल लगवा रहे थे।"

"झूठ।" अधेड़ व्यक्ति ने कहा।

डण्डे पडेंगे तब ये सच-सच उगल देंगे।"

"साहब, इसने बाहर से साँकल खोलकर मुझे ज़ोर-ज़बर्दस्ती बाहर खींचा। मेरा लड़का आगे आया—मुझे बचाने के लिए तो उसको भी खींच लिया।"

"कर्फ्यू में बाहर बीच सड़क पर आकर हमें देखकर भारत माता की जय-जयकार करने लगे।"

युवा लड़के के सिर से ख़ून बहता देखकर पुलिस इन्स्पेक्टर बोला, "स्सालों को आज़ादी चाहिए, कपड़े तन ढँकने के लिए नहीं हैं, खाने को पेट में रोटी नहीं है। स्साले को आज़ादी चाहिए।" आँसू के इशारे से पुलिस इन्स्पेक्टर ने इन्हें जाने देने की इज़ाज़त दे डाली।

वे चले गए।

नरेन्द्रनाथ दत्त आधा-अधूरा देख-सुन पाया। उनकी पीठ खिड़की की तरफ़ थी। मार-पीट करने के कारण कुछ समझ में ठीक से नहीं आ रहा था। कर्फ्यू तोड़ा था यह बात पल्ले पड़ी थी या झूठीं आज़ादी... नंगे-भूखों को आज़ादी चाहिए। क्या मिलेगा ऐसी आज़ादी से?" इसके साथ नरेन्द्र ने सिर झटक दिया। सीधा नीचे आया। नीचे बैठक में ताला लगा हुआ था। ताला खोलने वाली चाबी कहाँ रखी है, यह वह जानता था। चाबी लाकर ताला खोला। अन्दर पहुँचे।

पहले सभी हुक्कों को छुआ। फिर उनकी मीनाकारी को जाना। कुछ हुक्कों पर मीनाकारी नाममात्र की थी। वे हुक्के भी साधारण थे। सब एक से नहीं थे। पर क्यों?

इसके बाद नली को देखा। वे भी अलग-अलग थीं। ऐसा क्यों? उनकी समझ में नहीं आया।

इसके बाद हुक्के गुड़गुड़ाए। सब में एक-सी आवाज़। परन्तु उनमें असमाताएँ।

इसी समय दीवार घड़ी ने चार घण्टों की टंकार दी। नरेन्द्रनाथ दत्त घबराया तो नहीं परन्तु सोच में पड़ गए। क्या करे? किससे पूछें? कौन बताएगा?

''नरेन, ...यह क्या हो रहा है?'' विश्वनाथ दत्त ने प्रवेश से पूछा, ''शायद तुम सभी हुक्के गुड़गुड़ा चुके हो।''

''हाँ, पिता जी।''

''पर तुमने ऐसा क्यों किया?''

''जानना चाहता था।''

''क्या जानना चाहते हो?''

''हुक्के सभी एक से नहीं हैं कुछ पर बढ़िया मीनाकारी है, तीन हुक्कों पर साधारण मीनाकारी है। ऐसा क्यों?''

''क्योंकि साधारण जनों के लिए अन्तिम तीन हुक्के हैं।''

''साधारण जनों से क्या मतलब? जबकि सभी आपके मुवक्किल हैं। सबके मुकदमें आपको ही लड़ने हैं।''

"यह ठीक है।" सभी हुक्का गुड़गुड़ाते हैं। सबमें पानी भी एक-सा ताज़ा है। तम्बाकू भी एक-सा है।"

"फिर हुक्कों की क्वालिटी (स्तर) में इतना भेद क्यों?" नरेन्द्रनाथ दत्त ने सोचते हुए कहा।

"ये जातीय आधार पर हैं।"

"जातीय आधार का मतलब क्या है?"

"उच्च जाति अर्थात् सवर्ण जाति।"

"इसका मतलब।"

"ब्राह्मण, वैश्य, क्षत्रिय आदि जाति के व्यक्ति।"

"धोबी, चमार, भंगी आदि...।"

"निम्न ...नीची जाति के।"

"क्या सबकी शक्ल एक-सी है– आँख, नाक, कान, हाथ, पाँव, सिर, माथा, उँगलियाँ एक-सी हैं, पिता जी। फिर...?"

"ठहर, ठहर...सबके धन्धे छोटे-बड़े हैं। जूते गाँठने वाला मन्दिर में भगवान की पूजा नहीं कर सकता। भंगी से छू जाने पर सवर्ण को नहाना तक पड़ता है।"

"इसलिए न पिता जी, वह हमारी खुड्डी (पखाना ले जाना वाला) साफ़ करता है।"

"हाँ...।"

"तो मम्मी भी बच्चों की टट्टी साफ़ करती है। ...हम सब भी अपनी-अपनी...।"

"बस-बस, नरेन, बस। आगे कुछ नहीं।"

"तू ठीक सोचता है। परन्तु हमारी परम्पराएँ हमें विवश करती हैं।"

"यह बुराई है। कैसे दूर होगी, पिता जी?"

"होगी। कोशिश हो रही है, नरेन।" "...समय लगेगा। विश्वनाथ दत्त ने धीरे से कहा।

"शायद... ।" कह नरेन्द्रनाथ दत्त चलने लगा।

विश्वनाथ दत्त ने कुछ नहीं कहा। क्या कहते? सचाई-सचाई है। परन्तु वह थका हुआ अपने को अनुभव करने लगे।

नरेन्द्रनाथ दत्त अपने कमरे में आ गया। उसने चटाई पर पड़ी पुस्तकों और कागज़ों को समेटा। फिर उन्हें एक कोने में रख दिया।

तभी हरिदास सामने आ खड़ा हुआ। दरवाज़ा खुला था। सीधे अन्दर आ गया। आते ही

बोला, "रोज़-रोज़ कर्फ्यू। स्कूल-कॉलेज बन्द। बाज़ार बन्द। आख़िर सरकार क्या चाहती है, नरेन्द्र?"

"सरकार क्या चाहे या क्या नहीं, हम क्या चाहते है?" नरेन्द्रनाथ दत्त ने प्रतिप्रश्न कर दिया।

"आज़ादी।"

"किससे, हरि? ...हम आज़ाद तो अब भी हैं। क्या कमी है हमारी आज़ादी में?" नरेन्द्रनाथ दत्त ने पूछा।

"यह सब फिर हो लेगा, दत्त। फुटबॉल का मैच है, हरिनाथ वालों से। ...चल उठ।"

"अभी।"

"हाँ अभी, तुरन्त।" दोनों उठे और चल पड़े।

बोर्ड की परीक्षा सिर पर आ खड़ी हुई थी। इंग्लैण्ड का इतिहास बहुत भारी-भरकम था। उसे देखते ही मन उचाट होने लगता था। हर बार नरेन्द्रनाथ दत्त उसे टालता आ रहा था। रोज़ कल सुबह से पढ़ेगा। अपने आपको मनाता रहा। यही था उसके लिए रोज़ का ढर्रा।

नरेन्द्रनाथ दत्त को उस भारी-भरकम पुस्तक पढ़ने के लिए समय चाहिए। वह उसे दो-तीन दिन में समेट लेना चाहता था। घर में चारों तरफ़ शोर-शराबा बना रहता। उसे एकान्त चाहिए। हालाँकि उसके दिमाग पर कोई बोझ नहीं था। वही हँसी का वातावरण। जहाँ तीन-चार मित्र इकट्ठे हुए वहीं इंग्लैण्ड का इतिहास एक ओर खिसका दिया। कमरे के एक हाथ में तानपूरा (तम्बूरा/सितार की तरह का एक वाद्य) और दूसरे हाथ में तबला रखा था। वहीं पास में झांझ रखी थी। मित्र मण्डली वहाँ आई नहीं कि इंग्लैण्ड का भारी-भरकम इतिहास एक ओर और तम्बूरा उठा लिया। गीत शुरू। नरेन्द्रनाथ दत्त का कण्ठ बहुत सुरीला था। गाते थे तो आत्मलीन होकर वह गा उठे :

अनुपम महिम पूर्णब्रह्म करो ध्यान,
निर्मल पवित्र उषा काले।
भुननव तार सेई प्रेम मुख छाया,
देखो एड़ उदयागिरि शुभ्र भाले।
मधु समीरण बहिथे एड़ जे शुभदिने,
तोर गुण गान कर अमृत ठाले,
मिलिये सबे जादू चलो भगवत निकेतने
प्रेम उपहार लये हृदय-थाले।

अर्थात्

इसका भाव है—

अनुपम महिमा युक्त पूर्ण ब्रह्मा का ध्यान करो।
निर्मल और पवित्र उषाकाल में करो।
नवोदित सूर्य उसके प्रेम मुख की छाया है।
उसे उदयगिरि के शुभ भाल में देखो।
इस समय मधुर पवन बह रहा है
वह उसका गुणगान कर अमृत को सींच रहा है।

अभी सभी हृदय थाल में उपहार लेकर भगवत् निकेतन की ओर चलें।

इंग्लैण्ड का इतिहास पढ़ने के लिए वह मामा के घर रहने चले आया। उत्तर में दूसरी मन्ज़िल में एक बड़ा कमरा था। इस कमरे के पश्चिम में एक बहुत छोटा चोर कमरा (कोठरी) था। उसके

दक्षिण में एक छोटी-सी खिड़की। उस कमरे का प्रवेश द्वार बहुत छोटा। लेटकर उसके अन्दर जाया जा सकता था। वह उसके अन्दर गया। भारी-भरकम इंग्लैण्ड के इतिहास को लेकर। सोमवार की दोपहर का उसमें प्रवेश किया। बीच में मित्र भी आए। पुकारा भी उन्होंने, "नरेन्द्र।"

नरेन्द्रनाथ दत्त ने कोठर में बैठे-बैठे ही उत्तर दिया, "मैं इस तंग कोठरी में इंग्लैण्ड का इतिहास लेकर पढ़ने बैठा हूँ। इसे पूरा करके ही बाहर आऊँगा। सबसे पहले सूचना दूँगा।"

बुद्धवार की दोपहर बाद इतिहास पूरा करके उस कोठरी से बाहर निकला। नहाया-धोया। फिर सीधे वहाँ से हरिदास और दशरधि के दावाज़े पर खड़े होकर ऊँचे स्वर में गाने लगा :

महा-सिंहासनने बसि शुनिच्छे हे विश्वपति
तोमार रचित छंद महान विश्वेसर गीत।

इस गीत का भाव है :

हे विश्व पिता महासिंहासन बैठे सुन रहे हो,
अपने द्वारा रचित छन्द विश्व-गीत।

अब सब मित्र मिलकर 'इंग्लैण्ड के इतिहास' की खुशी मना रहे थे।

नरेन्द्रनाथ दत्त ब्रह्म समाज से जुड़कर निराकार ईश्वर और साकार ईश्वर के झमेले में पड़ गया था। क्या वास्तव में ईश्वर नहीं है? है तो कहाँ है? क्या ब्रह्माण्ड बनाने वाला ईश्वर है या नहीं, नहीं तो कौन है?

इस समय उसे प्रोफ़ेसर विलियम हेस्टी की याद आई। वह विलियम हेस्टी से मिला। वह कहने लगे, ''कलकत्ता के पास एक स्थान, गंगा तट से जुड़ा दक्षिणेश्वर है। वहाँ एक सन्त है। वह लम्बी समाधि लेने के लिए प्रसिद्ध है। उनसे मिलो। तुम्हारे प्रश्न का एकमात्र वही उत्तर दे सकेंगे।''

कई दिनों तक सोच-विचार करते रहे। अन्त में दक्षिणेश्वर की ओर जाने का निश्चय किया। पैदल ही चल पड़ा।

तब वह नहीं जानता था कि वह यह सब क्यों कर रहा है। क्या होगा उसके करने से? बस एक धुन थी जो उसे चलाए ले जा रही थी। पक्की धुन। शंका नहीं। पूर्ण विश्वास। गुरु हरिहर नाथ के स्वर उसके दिमाग में गूँजते रहते थे, ''नरेन्द्र, जो करना है, वह इस

जीवन में ही करना है। अगले जीवन के लिए कुछ छोड़ना नहीं है। अटल विश्वास ही जीवन का सुफल है। धीरज बनाए रखना ही उसके मन, वचन और कर्म की उपासना है।''

''परन्तु गुरु जी, प्रश्न पर प्रश्न उठते हैं।''

''उठेंगे। आँधी ...तेज़ आँधी भी आती है परन्तु जिनकी जड़ें मज़बूत होती हैं उनका बाल बाँका नहीं होता। आँधी ...आँधियाँ ...एक-से-एक तेज़ आँधी आती है। पता ही नहीं चलता कि कैसे गुज़र जाती हैं। ...तू अपने अन्दर की आवाज़ सुनते, बढ़ते रहना। ना डरना और ना डराना। डर क्या है? यह जानना भी नहीं।''

''ठीक है, गुरु जी।''

''अपना गुरु स्वयं बनना है। हर ओर भागना नहीं।

जहाँ से सन्तोष मिले, वही सोचना-करना है।"

यों गुरु हरिहर नाथ की याद नरेन्द्रनाथ दत्त को जब तव सावधान कर जाती थी।

आज भी गुरु हरिहर नाथ उनके साथ चल रहे हैं। नरेन्द्रनाथ दत्त को यह अनुभव हो रहा था। रास्ता लम्बा था। परन्तु गुरु जी का स्मरण साथ था।

तानपूरा (तम्बूरा) की धुन मधुर है। हवा मधुर चल रही है। टहनियाँ पत्ते झूम रहे हैं। रास्ता मानो बाँसुरी की मधुर धुन निकाल रहा है। रास्ते भर यह पता ही नहीं चला कि कौन जा रहा है और कौन आ रहा है! ना पाँव थे हैं और ना इरादा। यों वह जा पहुँचा दक्षिणेश्वर।

गंगा का तट। हवाएँ पानी पर तैर रही हैं। गंगा में पाँव

लटका कर वह बैठा रहा, क्योंकि जिनसे मिलना है, वह ध्यानमग्न हैं। समाधि में हैं।

मन-ही-मन गा उठा। मन्द-मन्द होंठों से तबला बजाता रहा। गा रहा था वह–

जीवन सत्य की छाया हो,
भावों की तरंगें साथ हों।
न कोई चिन्ता, ना डर हो,
आनन्द मधुर नाच रहा हो।
ऐसा सुन्दर अपना मन हो,
मंगल गीत सुनाते पल हों।
ऐसे मिलते अवसर हों,
ऐसे सपनों का घर हो।
न छल कपट की माया हो
न डग डगर भरमाया हो
कायसा बीन बजाती हो
सत्य ही शिव सुन्दर हो।
कामनाएँ सब पूर्ण हों।
भगवत कृपा परसादी हो!

इसी समय मन्दिर की घण्टियाँ बज उठीं। आरती होने लगी।

महाकाली माँ। नरेन्द्रनाथ दत्त सोच में पड़ गया कि पहले आरती में जाऊँ या समाधि के पट खुल गए हैं, वहाँ जाऊँ?

नरेन्द्रनाथ सन्त गुरुदेव रामकृष्ण देव के दर्शन की लौ लगाकर घर से चला था। रास्ते भर वह उसी धुन में मस्ती से चलता रहा। फिर अब वह क्या करे? देवी माँ की आरती में जाए अथवा गुरुदेव रामकृष्ण देव की शरण में?

नरेन्द्रनाथ दत्त के पाँव गुरुदेव रामदेव की साधना स्थली की ओर मुड़ गए।

अचरज गुरुदेव की साधना स्थली भर चुकी थी। रामकृष्ण देव सम्पूर्ण आरती होने तक आँखें बन्द किए मौन बैठे रहे।

आरती हो जाने के बाद जैसे ही उनका ध्यान द्वार की ओर गया, जैसे ही नरेन्द्रनाथ

दत्त को खड़ा पाया। संकेत से उसे अन्दर बुलाया। नरेन्द्रनाथ दत्त अन्दर आकर एक कोने में जा बैठा। जगह कम थी। जैसे-तैसे पाँव मोड़कर बैठा रहा।

रामकृष्ण देव ने कहा, ''आज अपनी कुटिया में नया मित्र आया है। आशा से आया होगा तो निराश होकर नहीं लौटेगा। यदि आशा-निराशा को उलट-पलट रहा होगा तो उलटता-पुलटता ही लौट जाएगा। यह खेल व्यक्ति स्वयं शुरू करता है और स्वयं ही ख़त्म। इस बाबा के पास इसका कोई तोड़ नहीं है। बाबा को तो स्वयं देवी माँ ने द्वारपाल बना छोड़ा है।

महाकाली देवी के भक्तों, किसी को नहीं मानो तो भी वह आपको अपना मानती हैं। यहाँ बैठो या घर में। वह तो हर जगह, हर समय विराजमान हैं। 'महाकाली देवी माँ अपने सिंहासन पर बैठी सबको देख रही है।'

इस विश्वास की शृंखला में एक मोती जुड़ने आया है। यह जानने के लिए कि ईश्वर साकार है या निराकार।

बाबा ने आ़ज तक ईश्वर को नहीं देखा है इसलिए निराकार है। जिसने देखा है, वे ज़रा हाथ उठाएँ।

कोई हाथ नहीं उठा। क्यों नहीं उठा? कारण उन्होंने ईश्वर को नहीं देखा।

क्यों नहीं देखा...?'' कह रामकृष्ण चुप रह गए।

नरेन्द्रनाथ दत्त चुपचाप यह सोचता रहा। यह जो प्रश्न लेकर आया है। यहाँ उसी पर चर्चा चल निकली है।

किसी ने ईश्वर से यह नहीं पूछा, "ईश्वर तो क्या आपने अपने को कभी देखा है? ...क्या उत्तर होगा, बन्धुगण?"

वह तो स्वयं ईश्वर है। उसे अपने को देखने की क्या ज़रूरत है? जिसे अपने होने पर विश्वास नहीं हो, वही तो दूसरे से जाकर पूछेगा कि वह है या नहीं।"

"भक्तों, आज इतना ही। कल गाथा होगी। धर्म लीला होगा। ठीक माँ की आरती के बाद।"

सब उठ खड़े हुए।

बाहर आ गए।

धीरे से नरेन्द्रनाथ दत्त उठा। जाने लगा। तब रामकृष्ण देव परमहंस ने टोका, "तू कहाँ जाता है?" तुझे तो मैंने बुलाया है. .. बता, अँधा तो देख नहीं सकता, तो भी खड्ढ में नहीं गिरता है। आँखों वाला खड्ढे में क्यों गिरता है? अब जा, फिर आना तो ख़ूब सोचकर आना। यही तेरे प्रश्न निराकार-साकार का उत्तर बनेगा। उसे मैं नहीं, तू ही उत्तर दे रहा हागा। उत्तम प्रश्न की यही विशेषता है। वह योग्य व्यक्ति में घर बनाता है। वह घर किसका है? इसका उत्तर वह उसी से निकलवाता है।...आशीर्वाद, नरेन्द्रनाथ दत्त, आशीर्वाद।" रामकृष्ण देव परमहंस कहकर उठने वाले थे। उसे रुका देखकर, स्वयं भी रुक गए। वह कुछ सोचता हुआ चल पड़ा।

रामकृष्ण देव जो परमहंस माने जाते थे, उनसे नरेन्द्रनाथ दत्त बहुत प्रभावित हुआ। साकार में निराकार का निराकार में साकार का समायोजन कैसे समझा दिया। ईश्वर की सृष्टि से सम्बन्ध कैसे जोड़ा। ना मानो तो मत मानो सृष्टि है तो उसका जनक भी है। कार्य-कारण सम्बन्ध सबका हेतु है।

इस कारण सब उस हेतु से है जो गन्ने के रस में भी है और गुड़ में भी। गुड़ का जनक गन्ना है।

यहाँ से नरेन्द्रनाथ दत्त का ध्यान आध्यात्म जगत की ओर चलता चला गया। जब वह रामकृष्ण परमहंस के सामने होता तब उसे लगने लगा कि वह ईश्वर के सामने आ बैठा है।

रामकृष्ण परमहंस उसको पाकर यह अनुभव करने लगे कि उसके स्पप्नों को साकार करने वाला नरेन्द्रनाथ दत्त उसके सामने है।

''तू आ गया, नरेन (नरेन्द्र)। तुझे उसने ही मेरे पास भेजा है। चल मेरे पास बैठ। तुझे सन्देश बहुत पसन्द हैं। यह भी उसी ने मुझे बताया है, जिसे तू जानने के लिए बहुत आतुर है।''

रामकृष्ण परमहंस ने प्यार से कहा।

नरेन्द्रनाथ दत्त अचरज से यह अनुभव करने लगा कि वास्तव में वही है। उसी ने उसे भेजा है यह कहकर, ''तू जा रे नरेन, उसने तेरे लिए पहली बार सन्देश (बंगाली मिठाई) स्वयं बनाए हैं।''

''चल मुँह खोल, मेरे भगवान। नहीं तो तेरा भगवान रूठ जाएगा। वह तू जाने।''

''खोल रखा है मैंने मुँह।''

''तो सन्देश तेरे मुँह में है। मुँह बन्द कर उसका अस्वाद ले।''

हैं! सच है। मुँह में सन्देश ही था।

''और मुँह खोल।''

''और सन्देश ले।''

''हाँ दीजिए, और सन्देश।''

''कितने सन्देश... ।''

"जितने तेरी इच्छा।"

"दरअसल मुझे सन्देश बहुत पसन्द हैं, देव।" नरेन्द्रनाथ दत्त ने प्रसन्नता से कहा।

"तुझे रोज़ सन्देश खिलाऊँगा।"

"नहीं, देव, रोज़ नहीं।"

"जैसी तेरी इच्छा।" रामकृष्ण परमहंस समझ रहे थे कि अभी इनका परक्षा काल ख़तम नहीं हुआ, जारी है। करने जानना चाहता है कि रामकृष्ण परमहंस को यह पता कैसे चलेगा कि उस दिन वह सन्देश ही माँगेगा? नरेन्द्रनाथ दत्त ने पक्का करने के लिए कहा, "उस रोज आपके हाथ के सन्देश होने चाहिए।"

"ऐसा ही होगा।"

"अर्थात् आज रोज़ सन्देश बनाओगे।"

"नहीं, नरेन, मात्र उस दिन,

जिस दिन तुम्हें सन्देश खाने की इच्छा होगी। वह भी तब जब तुम स्वयं सन्देश की इच्छा प्रकट करोगे।" रामकृष्ण परमहंस ने साधना के स्वर में इत्मीनान से कहा।

तब तो सच सामने होगा कि वह भगवान के सामने है अथवा नहीं। उसने चार दिन तक रामकृष्ण परमहंस की कुटिया में जाने का नाम नहीं लिया। ...और पाँचवें दिन असमय, समय के बाद नरेन्द्रनाथ दत्त अचानक प्रकट हो गया।

"मुझे इन्तज़ार रहता था।"

"क्या मैं आज भी सन्देश खा सकूँगा?"

"क्यों नहीं, नरेन्द्र। मैंने तुम से वादा किया था। किसी दिन, किसी समय ...जब तुम सन्देश की इच्छा प्रकट करेगे तुझे उसी दिन और उसी समय ताज़े-ताज़े सन्देश खाने के लिए मिलेंगे।" इतना कहकर रामकृष्ण परमहंस ने कहा, "तनिक सामने रखा कटोरा उठाओ।"

"मेरे साथ मेरा मित्र मोहित भी है।" नरेन्द्रनाथ दत्त ने धीरे से कहा।

मात्र एक मित्र ही क्यों। चाहे जितने मित्र हों। उन सबको ताज़े सन्देश मिलेंगे।"

"उस सामने रखे छोटे से कटोरे से इसमें अधिकतम पन्द्रह सन्देश होंगे। उतने तो मैं अकेले ही खा जाऊँगा, देव।"

भगवान का दिल बहुत बड़ा है– नदी से लेकर सात समन्दर पार ..उससे भी अधिक बड़ा। ...तुम वह सब मुझ पर छोड़ो। ...

जहाँ महाकाली माँ विराजमान हैं, वहाँ कोई कसर या टोटा कभी नहीं होता। ..यह चमत्कार नहीं है। तुम्हें भगवान से मिलाकर यह बतलाने की इच्छा है। भगवान हैं। यही सत्य है। भगवान भी जब अपने आप से मिलते हैं, तब वह इसी तरह से मिलते हैं।

नरेन्द्रनाथ दत्त चमक गया। रामकृष्ण परमहंस ही उसके स्थान पर रामकृष्ण परमहंस हैं। दूसरे चित्र वह अर्थात् रामकृष्ण परमहंस के स्थान पर नरेन्द्रनाथ दत्त आ गया है। यह क्या जादू है।

नरेन्द्रनाथ दत्त को चकित देखकर रामकृष्ण परमहंस ने कहा, ''यही सत्य है। दोनों एक रूप हैं, अलग-अलग नहीं हैं। मात्र आँखों का भ्रम है। भगवान दोनों में हैं, मात्र शक्ल में अन्तर है। तू शक्ल पर मत जा। जाएगा तो बहुत भीतर जाकर हम अपने से ही मिल रहे होंगे।''

वह कुछ ठीक से नहीं समझा।

रामकृष्ण परमहंस ने नरेन्द्रपाथ दत्त की दिक़्क़त समझते हुए कहा, ''रूप भ्रम है। सारी सृष्टि अरूप है। उसका रूप अस्थाई है। उसको जानने-समझने का कारण है। ...अब जा, फिर आना पड़ेगा। फिर मिलना होगा। जा, अब जा, नरेन।''

नरेन्द्रनाथ दत्त को न चाहते हुए उठ जाना पड़ा इस बार रामकृष्ण परमहंस ने उसकी ओर जाते हुए नहीं देखा।

समय बदला। फिर विश्वनाथ दत्त नहीं रहे। आमदनी नहीं रही। अर्थिक संकट आ गया। नरेन्द्रनाथ दत्त रामकृष्ण परमहंस के पास आए। कोई रास्ता चाहा।

रामकृष्ण परमहंस ने सुना। फिर कहा, ''बाबा तो नंगा है। देने-दिलाने के नाम पर उसके पास धेला है, न अधेला (पुराने ज़माने का सबसे छोटा सिक्का) है। तूने मुझ जैसे बाबा को चुनकर ग़लती कर दी।''

नरेन्द्रनाथ दत्त के चेहरे पर पसीना आ गया। बाबा का इतना नाम। कहा जाता है उसके द्वार से आज तक कोई खाली हाथ नहीं लौटा है।

क्या वह लौट जाएगा?

आज देव रामकृष्ण परमहंस में वह प्यार नहीं दिखा। हल्का-सा क्रोध अवश्य नज़र आया। नरेन्द्रनाथ दत्त को सामने से हटता न देख तनिक तेज़ आवाज़ में बोले, ''जा भाई, जा। अब लौट भी जा।''

“बड़ी आशा से आया हूँ, देव।”

“ये सेठ साहूकार की हवेली नहीं है, दीन-हीन बाबा की कुटिया है।” सेठ साहूकार के यहाँ सदा दान व्रत का धन्धा चलता है। यहाँ वह कहाँ से आया?”

“कोई उपाय, देव।” नरेन्द्रनाथ दत्त गिड़गिड़ाने लगा।

“तुझे मालूम है, पगले। तेरा बाबा स्वयं महाकाली माँ के दरबार में भिखमंगा होकर पड़ा है। भिखारी से भीख की आशा करना बेअक्ली है।” रामकृष्ण परमहंस ने इस बार धीरे से कहा।

नरेन्द्रनाथ दत्त से उठा नहीं गया। उसने चाहा धरती फट जाए। वह उसमें समा जाए। अथवा उस पर आसमान टूट पड़े। न बाँस रहेगा, न बाँसुरी।

अन्त में रामकृष्ण परमहंस को कहना पड़ा, “पगले जो दूसरे के द्वार पर मुहताज (आसरे से) पड़ा है। ...तू भी जा, माँ महाकाली के द्वार पर जा बैठ। वह रहम करेगी तो करेगी। बाबा के पास रहम करने की कोठी (अनाज भरकर रखने का बड़ा पात्र) भी खाली पड़ी है। ...जा आज शाम की आरती के बाद उसके सामने जा बैठे। जो माँगना है, सच्चे मन से माँग लेना। आगे माँ की इच्छा।”

नरेन्द्रनाथ दत्त ने जैसे-तैसे रामकृष्ण परमहंस के चरणों को छूना चाहा तो उन्होंने अपने पाँव पीछे खींच लिए।

हार कर शाम की आरती के बाद नरेन्द्रनाथ दत्त ने महाकाली के दरबार में पहुँचकर उसके चरणों में ध्यान लगा बैठा।

ऐसा ध्यान लगाया कि स्वयं की सुध-बुध भी खो बैठा। महाकाली प्रसन्न हो गई। प्रसन्न हो प्रकट हो गई– ध्यान में। वह पूछने लगी, ''पुत्र, क्या चाहिए?''

''माँ...माँ... आपके चरणों की भक्ति।''

महाकाली ने कहा, ''तथास्तु (ऐसा ही हो)।''

लौटकर रामकृष्ण परमहंस के पास आया। उनकी चरण वन्दना की। उन्होंने पूछ लिया, ''जो चाहा था, वह पा गया न, नरेन।''

सिर हिलाकर नरेन्द्रनाथ दत्त ने कहा, ''नहीं।''

''तो ध्यान से उठा क्यों?''

महाकाली ध्यान में प्रकट हो गई। पूछा भी। कहा भी, ''पुत्र तेरी भक्ति से प्रसन्न हुई। माँग, क्या माँगना है। जो माँगेगा वही मिलेगा।''

''तू धन्य हुआ, नरेन। नहीं तो महाकाली इतनी जल्दी प्रसन्न नहीं होती। ...अब तेरे मन की हो गई। अब जा।''

''नहीं, देव।''

''नहीं क्यों, पगले। माँ स्वयं प्रकट हो गई। तूने माँगना था, वह माँग लिया। और तुझे क्या चाहिए।'' रामकृष्ण परमहंस ने धीरे-धीरे कहा।

मुझसे चूक हो गई, देव।''

''क्या चूक हो गई।''

''मैंने भक्ति माँग ली। सदा माँ, तेरे चरणों में मेरा ध्यान बना रहे।''

"और उसने दे दी।"

"पर मुझे तो...?"

"भूल सुधार ले। माँ की तुझ पर कृपा है। वह शीघ्र पुनः प्रकट हो जाएगी। इस बार महाकाली से क्षमा माँग कर कह देना। माँ मुझसे भूल हो गई। ...वास्तम में मुझे माँगना तो था...ये...पर माँग बैठा भक्ति।"

"वह मान जाएँगी।"

"तुझे उन्होंने पुत्र कहा है।"

"हाँ, देव।"

"फिर क्या है। माँ की ममता इतनी है कि सागर भी छोटा पड़ जाए। ...जा, आज बैठ ले। माँगने में संकोच नहीं करना।"

नरेन्द्रनाथ दत्त पुनः आरती के बाद महाकाली के चरणों में बैठ गया। बैठा रहा।

महाकाली फिर प्रकट हुई। उससे पुनः माँगने की बात दोहराई कहा, "कोई बात नहीं। माँ, तेरे से कभी अप्रसन्न नहीं हो सकती। तू निडर होकर माँग तेरी माँग पूरी होगी।"

फिर वही ढाक (पलाश) के तीन पात।"

"क्या फिर वही ग़लती दोहरा दी?" रामकृष्ण परमहंस ने कहा, "फिर भक्ति ही माँ बैठा?"

"हाँ, देव। पता नहीं त मुझे क्या हो जाता है? ख़ूब सोच-विचार कर निश्चय किया था। इस बार ऐसी ग़लती नहीं करूँगा। परन्तु हर बार ऐन मौक़े पर धन-दौलत माँग कर भक्ति माँग बैठता हूँ।

...क्या करूँ, देव।'' रामकृष्ण परमहंस ने कहा, ''मैंने तुझे यों ही अपने हाथों से सन्देश बनाकर नहीं खिलाए हैं। मुझे तेरी अटल भक्ति साधना पर विश्वास था। वही हुआ, पुत्र। संसार को बचाने का है। महाकाली अपने भक्त को पहचानती है। उसकी सचाई समझती है।''

''तब, देव।''

''वही कर जो तू अनेक बार माँगने पर नहीं माँग सका।'' रामकृष्ण परमहंस ने प्यार से समझाया, ''मेरा गुस्सा नाटक था। मुझे ज्ञात था कि तुझे क्या चाहिए? ...अब तू आ भी जा। जिसे छोड़ना है, छोड़ आ। ये भी मान जाएँगे। ...तेरे दादा भी संन्यासी हुए थे। तू उसी परिवार की कड़ी का दीना है। सच्चा है। अटल है।''

वही हुआ। नरेन्द्रनाथ दत्त ने अपने दादा का अनुसरण किया। घर छोड़ दिया। संन्यासी हो गया। विश्व धर्म सम्मेलन, शिकागो में अमिट छाप छोड़ आया। ऐसी छाप जो दिन दूनी, रात चौगुनी बढ़ रही है। उसका अक्षय प्रकाश पूरे संसार को मार्गदर्शन दे रहा है। कलकत्ते में रामकृष्ण मिशन की ऐसी स्थापना की कि आज निरंतर फल-फूल रहा है।

यहाँ उनके कुछ सन्देशों का उल्लेख करना ज़रूरी है–

स्वामी विवेकानन्द ने उदाहरण दिया था। दो करोड़ मनुष्यों में कोई ऐसा नहीं है जो ईश्वर में ठीक-ठीक विश्वास रखता हो। कोई हो तो बताए। यह प्रश्न सबसे किया।

सब चुप। इसका कोई उत्तर नहीं दे सका।

तब उन्होंने अनेक उदाहरण दिए। उनमें से पहला उदाहरण यह है मान लीजिए आप अमुक शहर के अमुक कॉलोनी या बस्ती के दो कमरों में रहते हैं। दूसरे कमरे में सोने की ईंटें रखी हैं। उसमें चोर घुस आता है। चोर का पता है कि दूसरे कमरे में सोने की ईंटें हैं। दोनों कमरों के बीच क पतली-सी दीवार है।

"तब चोर के मन में क्या होगा?"

उनके प्रश्न का उत्तर यों मिला, "चोर को नींद नहीं आएगी। उसका सारा ध्यान सोने की ईंटों पर होगा। वह सोने की ईंटें ले जाने की सोच रहा होगा। वह हर हालत में ईंटें ले जाने की सोच रहा होगा। वह हर हालत में ईंटें पा लेने की ही सोच रहा होगा।" नरेन्द्रनाथ दत्त धीरे-धीरे बोले, "सोने की ईंटों की जगह यदि यह पता चल जाए कि वहाँ सोने की ईंटें नहीं, भगवान विराजमान हैं तब?"

फिर सब चुप।

"इसका अर्थ है कि हम लोगों की रुचि सोने की ईंटों तक सीमित है। भगवान की किसी को चिन्ता नहीं है। परन्तु चोर के स्थान पर कोई भगवान से मिलने वाला भक्त हो तो?"

"फिर हलकी-सी फुसफुसाहट होकर हट गई। उनमें से एक ने कहा, "भक्त भगवान के दर्शन के लिए पाग़ल हो जाएगा।"

"यह स्थिति क्यों होगी?" रामकृष्ण परमहंस ने पूछा।

"इसलिए होगी कि वह भगवान में रुचि रखता ह।" उसी व्यक्ति ने कहा।

"अर्थात् उसकी भगवान के प्रति श्रद्धा है। भक्ति है। अटल निष्ठा है।" रामकृष्ण परमहंस ने कहा।

इसके लिए स्वामी जी ने एक दूसरा उदाहरणा और प्रस्तुत करते हुए कहा,

"एक चीनी साठ साल तक जेल की अँध कोठरी में रहा।

राजकुमार के राजतिलक की खुशी में सब क़ैदियों को छोड़ दिया गया। लेकिन वह क़ैदी चिल्ला-चिल्लाकर कहने लगा, "अब मैं कहाँ जाऊँ। ... मेरे पास जाने के लिए कोई स्थान नहीं है। मैं यह उजाला सह नहीं सकता। मुझे आज़ादी नहीं चाहिए।"

प्रश्न किया कि वह क़ैदी क्यों जेल की अँध कोठरी में रहना चाहता था?

फिर सब चुप।

तब स्वामी जी कहने लगे, "आज के मनुष्य की स्थिति ऐसी ही है। आज चाहे जैसा दुःख हो। हम उस दुःख को पकड़े रहना चाहते हैं, उससे छुटकारा नहीं। ...छुटकारे के नाम पर दुःखों में पड़े रहना ही चाहते हैं। छुटकारा मिल जाए तो भी दुःख की अँधेरी कोठरी में पड़े रहना चाहते हैं।"

एक तीसरा उदाहरण है– कोल्हू के बैल का।

"हमारे देश में कोल्हू में बैल जोते जाते हैं।"

स्वामी जी ने आगे कहा, "बैल गोल घेरे में लगातार घूमता है। बैल के सिरे में जुआ होता है जो एक ओर से बाहर को निकला हुआ होता है। उसके छोर पर घास बाँध दी जाती है।"

"बताओ बैल लगातार क्यों घूमता रहता है?"

उत्तर था– "आदत पड़ जाती है।"

"या और कोई कारण?"

फिर सब चुप।

तब स्वामी जी बोले, "जुए का जो भाग बाहर निकला होता है उस पर घास बँधी हुई है। बैल उस घास को चबाना चाहता है लेकिन घास दूर होने के कारण वह घास चबा नहीं पाता। ठीक इसी तरह हम सुख पाने का प्रयत्न करते हैं, परंतु पाते दुःख हैं। पर क्यों?"

फिर उत्तर में मौन गहरा गया। तब स्वामी जी ने बताया, "हमारे सुख घास है। जो मिल नहीं पाता पर नज़र आता है। फलतः जितनी कोशिश करते हैं, उतना ही दुःख पाते हैं। सुख पाने का यह चक्कर सारी ज़िंदगी भोगते रहते हैं। यह है तृष्णा। तृष्णा से छुटकारा पाना हमारा लक्ष्य होना चाहिए। यही सही मार्ग है। इसी से मनुष्य को छुटकारा लेना होगा।"

इस तरह नरेन्द्रनाथ दत्त का नाम संन्यास लेने के साथ सच्चिदानन्द रखा गया। फिर खेतड़ी नरेश ने नाम बदलवा कर नाम रखवाया– विवेकानन्द। यह नाम सरल है। बोलने-समझने में आसान है।

स्वमी विवेकानन्द हो जाने पर उनकी नई यात्रा प्रारम्भ हुई।

शिकागो में विश्व धर्म सम्मेलन हो रहा था। वहाँ सनातन/हिन्दू धर्म को कोई प्रतिनिधि नहीं था। वहाँ उन्होंने सनातन धर्म का प्रतिनिधित्व किया।

शिकागो आर्ट इन्स्टीट्यूट के भव्य भवन में स्वामी विवेकानन्द ने जो व्याख्यान (भाषण) दिया था, वह आज भी संसार को स्मरण आते ही उसका श्रद्धा से शीश झुक जाता है। वह अमर सन्देश है। उसकी अमिट छाप है।

आगामी पृष्ठ पर उनका वह व्याख्यान दिया गया है। इससे सब जान सकें। उन्होंने ऐसा क्या कहा था, जिससे उस समय उपस्थित श्रोताओं ने खड़े होकर करतल ध्वनि से उनका स्वागत किया।

शिकाओ सम्बोधन (व्याख्यान) 5 मिनट 17 सेकण्ड के स्वामी विवेकानन्द के सम्बोधन ने सभा को ऐसा सम्मोहित किया कि सभा ने खड़े होकर तालियों की गड़गड़ाहट से एक मिनट 15 सेकण्ड तक हार्दिक स्वागत किया। शब्द-वाक्य सामान्य है। यह एक ऐसा प्रयोग देखा गया कि दूसरों ने जब उनके इस सम्बोधन की पुनरावृत्ति की तब उस जैसा श्रोताओं पर प्रभाव नहीं पड़ा। कारण, उनके ये शब्द-वाक्य ऊपरी थे, जबकि स्वामी विवेकानन्द ने उन शब्दों-वाक्यों को अपनी साधना से अभिमंचित किया हुआ था। निस्सन्देह यह सर्वोत्तम सम्बोधर अमर हो चुका है। उनका आकर्षक पहनावा, कोयलिया स्वर और कथन की शैली आदि सभी अद्भुत थीं।

अमेरिकानिवासी भगिनी तथा भ्रातृगण!

जिस सौहार्दता और स्नेह के साथ आपने हम लोगों का स्वागत किया है, उसके फलस्वरूप मेरा हृदय अकथनीय हर्ष से प्रफुल्लित हो रहा है। संसार के प्राचीन महर्षियों के नाम पर मैं आपको धन्यवाद

देता हूँ तथा सब धर्मों की माता स्वरूप हिन्दू धर्म एवं भिन्न-भिन्न सम्प्रदाय के लाखों-करोड़ों हिन्दुओं की ओर से भी धन्यवाद प्रकट करता हूँ।

मैं उन सज्जनों के प्रति भी धन्यवाद ज्ञापित करता हूँ, जिन्होंने इस सभा मंच पर से प्राच्य-प्रतिनिधियों के सम्बन्ध में आपको यह बतलाया है कि ये दूर देशवाले पुरुष सर्वत्र सहिष्णुता का भाव प्रसारित करने के निमित्त यश और गौरव के अधिकारी हो सकते हैं। मुझे ऐसे धर्मावलम्बी होने का गौरव है, जिसने संसार को 'सहिष्णुता' तथा 'सब धर्मों को मान्यता प्रदान' करने की शिक्षा दी है। हम लोग सब धर्मों के प्रति केवल सहिष्णुता में ही विश्वास नहीं करते, किन्तु समस्त धर्मों को सच्चा मानकर ग्रहण करते हैं। मुझे आपसे यह निवेदन करते गर्व होता है कि मैं ऐसे धर्म का अनुयायी हूँ, जिसकी पवित्र भाषा संस्कृत में अंग्रेज़ी शब्द Exclusion (एक्सक्ल्यूशन) का कोई पर्यायवाची शब्द नहीं। मुझे एक ऐसे देश का व्यक्ति होने का अभिमान है, जिसने इस पृथ्वी की समस्त पीड़ित और शरणागत जातियों तथा विभिन्न धर्मों के बहिष्कृत मतावलम्बियों को आश्रय दिया है। मुझे यह बतलाते गर्व होता है कि जिस वर्ष यहूदियों का पवित्र मन्दिर रोमन-जाति के अत्याचार से धूल में मिला दिया गया, उसी वर्ष कुछ अभिजात यहूदी आश्रय लेने दक्षिण भारत में आये और हमारी जाति ने उन्हें छाती से लगाकर शरण दी। ऐसे धर्म में जन्म लेने का मुझे अभिमान है, जिसने पारसी जाति की रक्षा की और उसका पालन अब तक कर रहा है। भाइयो, मैं आप लोगों को

एक स्त्रोत के कुछ पद सुनाता हूँ, जिसे मैं अपने बचपन से गाता रहा हूँ और जिसे प्रतिदिन लाखों मनुष्य गाया करते हैं :

रुचीनां वैचित्र्यात् ऋजुकुटिलनानापथजुषाम्।
नृणाम् एको गम्यः त्वमसि पयसाम् अर्णव इव।।

जैसे विभिन्न नदियाँ भिन्न-भिन्न स्रोतों से निकलकर समुद्र से मिल जाती हैं, उसी प्रकार हे प्रभो! भिन्न-भिन्न रुचि के अनुसार विभिन्न टेढ़े-मेढ़े अथवा सीधे रास्ते से जानेवाले लोग अन्त में तुझमें ही आकर मिल जाते हैं।

यह सभा, जो संसार की अब तक की सर्वश्रेष्ठ सभाओं में से एक है, जगत् के लिस गीता के उस अद्‌भुत उपदेश की घोषणा एवं विज्ञापन है, जो हमें बतलाता है :

ये यथा मां प्रपद्यते तांस्तथेव भजाम्यहम्।
मम वत्मार्नुवर्तन्ते मनुष्यताः पार्थ सर्वशः।।

—जो कोई मेरी ओर आता है, चाहे किसी प्रकार से हो, मैं उसको प्राप्त होता हूँ। लोग भिन्न-भिन्न मार्ग द्वारा प्रयत्न करते हुए अन्त में मेरी ही ओर आते हैं।

साम्प्रदायिकता, संकीर्णता और इनसे उत्पन्न भयंकर धर्म-विषयक उन्मत्तता इस सुन्दर पृथ्वी पर बहुत समय तक राज्य कर चुकी है। इनके घोर अत्याचार से पृथ्वी भर गयी, इन्होंने अनेक बार मानव-रक्त से धरणी को सींचा, सभ्यता नष्ट कर डाली; तथा समस्त जातियों को हताश कर डाला। यदि यह सब न होता, तो मानव-समाज आज की अवस्था से कहीं अधिक उन्नत हो गया

होता। पर अब उनका भी समय आ गया है, और मैं पूर्ण आशा करता हूँ कि जो घण्टे आज सुबह इस सभा के सम्ममान के लिए बजाये गये हैं, वे समस्त कट्टरताओं, तलवार या लेखनी के बल पर किये जानेवाले समस्त अत्याचारों तथा एक ही लक्ष्य की ओर अग्रसर होनेवाले मानवों की पारस्परिक कटुताओं के लिए मृत्यु-नाद ही सिद्ध होंगे।

□□